外国人技能実習生
（介護職種）のための

介護導入講習テキスト

一般社団法人シルバーサービス振興会＝監修

中央法規

はじめに

　2017（平成29）年11月1日に「外国人の技能実習の適正な実施及び技能実習生の保護に関する法律」が施行され、外国人技能実習制度に介護職種が追加されることとなりました。厚生労働省の告示では、技能実習生の入国後講習として「日本語科目」と「技能等の習得等に資する知識の科目（以下、介護導入講習）」の受講が求められ、それらは監理団体（企業単独型の場合は申請者）が実施するものとされています。
　本書は、この厚生労働省の告示で示されている介護導入講習の教育内容を具現化したもので、技能実習生が介護職として働く前に知っておいてほしい「介護の仕事」について学習できるよう作成しました。

　本書の内容は、大きくわけて「介護の仕事を支える考え方」と「介護の仕事に必要な知識と技術」に分類されます。全体的にイラストを多く用い、平易な日本語を使用したうえで、漢字にはすべてルビを付しています。また、介護の現場でよく使用する専門用語、体の名称、症状などについては、入職後も困らないようにあえて漢字表記としています。また、「介護の仕事に必要な知識と技術」では、介護の根拠や思考過程を理解してもらうため、まずは生活行為の意義、環境、体や姿勢の名称、必要な物品等を学習したうえで、介護技術を学べるような構成としています。本書の最後には用語リストを設け、本書に出てくる単語を索引として引けるようにしています。さらに、技能実習生が母国語で単語の意味を学ぶことができるよう、8言語で表記しています。

　なお、本書は告示に沿った基本的な内容を示しているに過ぎませんが、技能実習生の前職や知識によって、適宜内容を補うなどして活用していただければ幸いです。本書が、介護職種の技能実習生にとって、また介護現場への就労を考えている外国人などの学習の一助となることを願っております。

2019年1月

一般社団法人シルバーサービス振興会

はじめに ……………………………………………… I
　本書について ………………………………………… IV
　介護導入講習とは …………………………………… V

Part1　介護の仕事を支える考え方

Chapter1　介護の基本Ⅰ（介護で大切なこと1） …… 2
　❶ 介護の考え方 ……………………………………… 2

Chapter2　介護の基本Ⅰ（介護で大切なこと2） …… 6
　❶ 介護事故の予防 …………………………………… 6
　❷ 感染症の予防 ……………………………………… 7
　❸ 健康管理 …………………………………………… 9

Chapter3　介護の基本Ⅱ（利用者の理解） ………… 10
　❶ 人間の体 …………………………………………… 10
　❷ 老化（体の変化） ………………………………… 13
　❸ 老化（病気と症状） ……………………………… 14
　❹ 障害 ………………………………………………… 16
　❺ 認知症 ……………………………………………… 18

Chapter4　コミュニケーション技術 ……………… 20
　❶ コミュニケーションの基本 ……………………… 20
　❷ 利用者とのコミュニケーション ………………… 22
　❸ 職員とのコミュニケーション …………………… 24

Part2　介護の仕事に必要な知識と技術

Chapter1　移動の介護 ……………………………… 28
　　＜移動の意義＞ …………………………………… 28
　❶ 移動の介護で必要な知識 ………………………… 29
　❷ 移動の介護の流れ ………………………………… 31

Chapter2　食事の介護 ……………………………… 34
　　＜食事の意義＞ …………………………………… 34
　❶ 食事の介護で必要な知識 ………………………… 34

❷ 食事の介護の流れ ………………………… 37
Chapter3　排泄の介護 ……………… 40
　　　＜排泄の意義＞ ……………… 40
　　　❶ 排泄の介護で必要な知識 ………………… 41
　　　❷ 排泄の介護の流れ ………………………… 43
Chapter4　衣服の着脱（身じたく）の介護 …… 46
　　　＜身じたくの意義＞ ……………… 46
　　　❶ 身じたくの介護で必要な知識 …………… 47
　　　❷ 衣服の着脱の流れ ………………………… 50
Chapter5　入浴・身体の清潔の介護 ……… 52
　　　＜入浴の意義＞ ……………… 52
　　　❶ 入浴の介護で知っておく知識 …………… 53
　　　❷ 入浴の介護の流れ ………………………… 55
　　　❸ 入浴以外の体を清潔にする方法 ………… 58
　　　❹ 褥瘡の予防 ………………………………… 59

Part3　用語リスト
　　　（英語、インドネシア語、ベトナム語、中国語、
　　　クメール語、タイ語、モンゴル語、ミャンマー語）

本書について

　本書は、介護職種の技能実習生が、日本に来てから学習する介護導入講習の中で使用する本です。これから介護職として働く前に、介護の基本的な知識を身につけられるよう作られています。

【対象者】
介護職種の技能実習生
※介護現場への就労を考えている外国人なども活用することができます。

【本書の構成】
　この教材は3部構成となっています。Part1では、介護職はどのような人たちを支援するのか、何を大切にしなければいけないのかという、介護を行ううえでの考え方について学習していきます。Part2では、基本的な技術や知識を介護行為ごとに学習していきます。Part3では、本書に出てくる介護に必要な用語を8言語で表示し、母国語で単語の意味を学習することができます。

　　○Part1　介護の仕事を支える考え方
　　　　　　（介護で大切なこと、利用者の理解、コミュニケーション技術）
　　○Part2　介護の仕事に必要な知識と技術
　　　　　　（移動の介護、食事の介護、排泄の介護、衣服の着脱（身じたく）の介護、入浴・身体の清潔の介護）
　　○Part3　用語リスト

【本書の特徴】
・本書では、日本語能力試験N4程度の技能実習生でも理解しやすいよう、介護の現場でよく使用する専門用語、体の名称、症状などについては、入職後に困らないようあえて漢字表記としています。
・Part3「用語リスト」は、英語、インドネシア語、ベトナム語、中国語、クメール語（カンボジア）、タイ語、モンゴル語、ミャンマー語の8言語で表記しており、母国語で単語の意味を学べるようにしています。
・学習の理解を深めてもらうために、イラストを多く使用しています。
・介護の専門用語などではないためPart3の用語リストにはないものの、日本語の意味が分かりづらい言葉については、ページ下部に「言葉の意味」を記載しています。

介護導入講習とは

技能実習生を監理・監督する監理団体は、技能実習生に対して、実習実施者が技能等の習得活動を実施する前に2か月間の「入国後講習」を実施することが義務づけられています（入国前講習を行った場合には、内容に応じて時間数を省略できます）。

本書は、入国後講習の教育内容の中で、「介護導入講習」で使用できる教材です。

<入国後講習の教育内容と時間数について>

講習内容	
科目	時間数
日本語（詳細は①）	240
介護導入講習（詳細は②）	42
法的保護等に必要な情報	8※1
生活一般	—
総時間数	320※1

（※1）技能実習制度本体上定められているもの。
総時間数については、第1号技能実習の予定時間全体の1/6（入国前講習を受けた場合は1/12）以上とされている。
（320時間については目安として記載）

①日本語	
教育内容	時間数※2
総合日本語	100（90）
聴解	20（18）
読解	13（11）
文字	27（24）
発音	7（6）
会話	27（24）
作文	6（5）
介護の日本語	40（36）
合計	240

（※2）日本語科目の各教育内容の時間数については上記を標準として、設定。（ ）内に記載した時間数が最低限の時間数として求められる。

②介護導入講習	
教育内容	時間数
介護の基本Ⅰ・Ⅱ	6
コミュニケーション技術	6
移動の介護	6
食事の介護	6
排泄の介護	6
衣服の着脱の介護	6
入浴・身体の清潔の介護	6
合計	42

<入国後講習「技能等の習得等に資する知識の科目」の教育内容について>

告示：教育内容	通知：教育内容に含まれるべき事項
介護の基本Ⅰ	介護職の役割、介護職の職業倫理、介護における安全の確保とリスクマネジメント、介護職の安全、介護過程、介護における尊厳の保持・自立支援
介護の基本Ⅱ	からだのしくみの理解、介護を必要とする人の理解（老化の理解、認知症の理解、障害の理解）
コミュニケーション技術	コミュニケーションの意義と目的、コミュニケーションの基本的技法、形態別コミュニケーション
移動の介護	移動の意義と目的、基本的な移動の介護、移動介助の留意点と事故予防
食事の介護	食事の意義と目的、基本的な食事の介護、食事介助の留意点と事故予防
排泄の介護	排泄の意義と目的、基本的な排泄の介護（ポータブルトイレ、便器・尿器、おむつ等）、排泄介助の留意点と事故予防
衣服の着脱の介護	身じたくの意義と目的、基本的な着脱の介護、着脱介助の留意点と事故予防
入浴・身体の清潔の介護	入浴・身体の清潔の意義と目的、基本的な入浴の介護（特殊浴槽、チェアー浴、一般浴槽等）、入浴以外の身体清潔の方法（足浴・手浴、身体清拭）褥瘡の予防、入浴・身体清潔の介助の留意点と事故予防

本書の目次	時間数
Part 1　介護の仕事を支える考え方	
Chapter1　介護の基本Ⅰ（介護で大切なこと1）	6
Chapter2　介護の基本Ⅰ（介護で大切なこと2）	
Chapter3　介護の基本Ⅱ（利用者の理解）	
Chapter4　コミュニケーション技術	6
Part 2　介護の仕事に必要な知識と技術	
Chapter 1　移動の介護	6
Chapter 2　食事の介護	6
Chapter 3　排泄の介護	6
Chapter 4　衣服の着脱（身じたく）の介護	6
Chapter 5　入浴・身体の清潔の介護	6
Part 3　用語リスト	

Part 1

介護の仕事を支える考え方

Chapter 1 介護の基本Ⅰ（介護で大切なこと１）

1 介護の考え方

- 介護職は、利用者とかかわるとき、「人間の尊厳」と「自立支援」を大切にします。
- 利用者は、介護職が働く施設などで、介護を受ける人たちです。
- 介護で大切なことは、「利用者主体」という考え方です。

- 介護職は、利用者の状態を見て、利用者が希望する生活を支援します。
- 介護職は、利用者が持っている力を活かします。

言葉の意味

【活かす】……じょうずに使うこと

- 介護職は、利用者の尊厳やプライバシーを大切にします。
- 介護職は、「専門職がしなければならないこと」「利用者にとって何が一番よいか」を考えて行動します。

介護職に求められる行動

- 介護職の考えを押しつけないで、利用者に選んでもらう。

- プライバシーを守る。

- 利用者の情報を守る。

言葉の意味

【プライバシー】……他の人に知られたくないこと
【行動】……すること
【押しつける】……相手の意思を考えないで、させること

●介護職は利用者のできる力を使って、利用者に合った生活ができるように、次のような流れで介護をします。

介護の過程

●利用者の佐藤さんは、食事が食べられなくなっています。

●介護職は、佐藤さんが食べられない理由を考えます。

味つけが濃い？　食欲がない？

料理が固い？　箸が使いにくい？

●介護職は、佐藤さんに食べてもらうための介護の方法を考えます。
●介護の方法を考えるときは、佐藤さんを支援する他の職種の人たちにも相談します。

佐藤さんは手の力が弱くなった。使いやすい箸を考えてみよう

レクリエーションで佐藤さんに指の体操をしてもらおう

●介護職は、佐藤さんに食べてもらえるように、食事の介護をします。
●介護職は、食堂の環境や佐藤さんが食べるときの姿勢を整えます。

●介護職は、食事の介護をしたことで、佐藤さんが食べられるようになったかを確かめます。

言葉の意味

【過程】……結果までの順序

利用者を支援する人たち

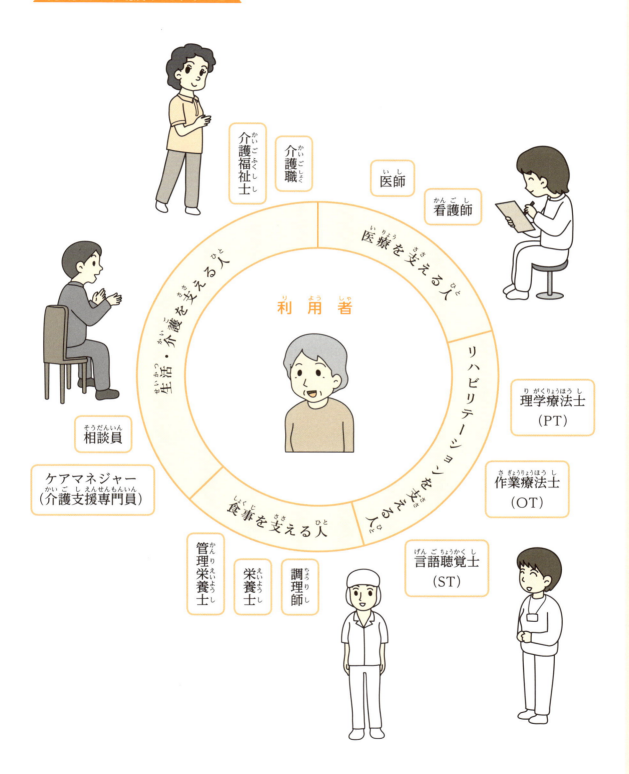

Part 1　Chapter 1　介護の基本Ⅰ（介護で大切なこと１）

Chapter 2 介護の基本Ⅰ（介護で大切なこと２）

1 介護事故の予防

- 利用者は体のいろいろなところが変化しているので、事故が起きやすいです。
- 事故が起きたときは、職員に報告します。
- 報告は、事故の予防になります。

利用者の事故の例

転倒

転落

やけど

誤嚥

言葉の意味

【誤嚥】……食べ物や飲み物が、気管に入ること
【職員】……いっしょにはたらく人

2 感染症の予防

● 感染症は、病原体が体の中に入り、いろいろな症状を起こす病気です。
● 感染症になると、発熱や下痢、咳などの症状が出たり、重い病気になったりします。

感染源の種類

体液

血液

排泄物（おう吐物、尿、便）

感染症を予防する方法

手を洗う

使い捨て手袋を使う

うがいをする

マスクを使う

エプロンを使う

● 感染症になると人にうつし、病原を広げてしまいます。
● 介護職は、感染症にならないように注意します。

言葉の意味

【感染症】……感染で起こる病気
【病原体】……病気の原因になるもの
【症状】……病気やけがの状態
【使い捨て】……一回使ったら捨てること

【感染】……病原体が体の中に入ること
【予防】……ならないようにすること
【感染源】……感染の原因になるもの

手の洗い方

①指輪、時計をはずす
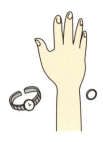

②手をぬらす。流水で洗う

流水

ためた水で洗わない

③せっけんを手にとる

④手のひらを合わせてこする
手のひら

⑤手の甲を洗う

手の甲

⑥指の先、爪の間を洗う
指の先

⑦指の間を洗う

⑧ねじり洗いをする

⑨手首を洗う

⑩水で流し、ペーパータオルなどでふく

3 健康管理

- 利用者によい介護をするには、介護職は健康でなければなりません。
- 健康には、心の健康と体の健康があります。

健康のための行動

- 心の健康のために、ストレスを感じたときは、他の人に相談します。

- 体の健康のために、食事と睡眠と休養が大切です。

- 介護職は腰痛になりやすいので、気をつけます。
- 腰痛にならないように、ボディメカニクスや福祉用具を使います。

言葉の意味

【健康管理】……健康な状態でいられるようにすること
【ボディメカニクス】……人間の体の使い方や動かし方のこと

Chapter 3 介護の基本Ⅱ（利用者の理解）

1 人間の体

●介護をするためには、人間の体のつくりを知ることが大切です。

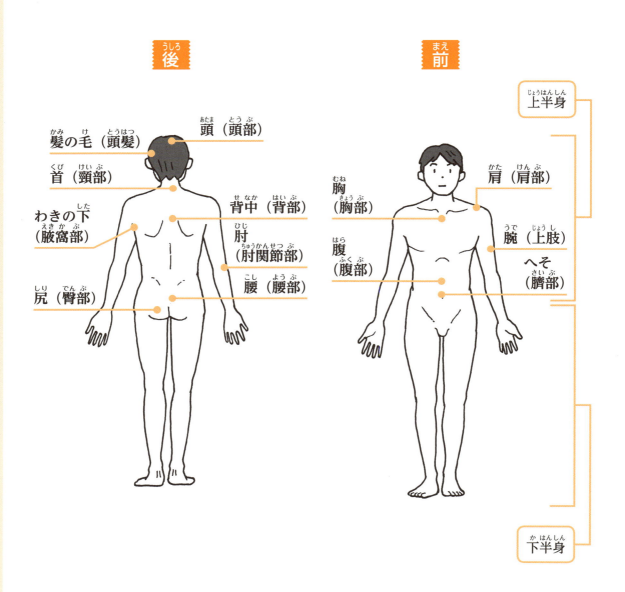

- 人間の体には、動くところと、動かないところがあります。
- 関節、首、腰は動きます。
- 関節は、肩、肘、手首、手の指、膝、足首、足の指にあります。
- 関節は、一つひとつ動く範囲や動き方が違います。

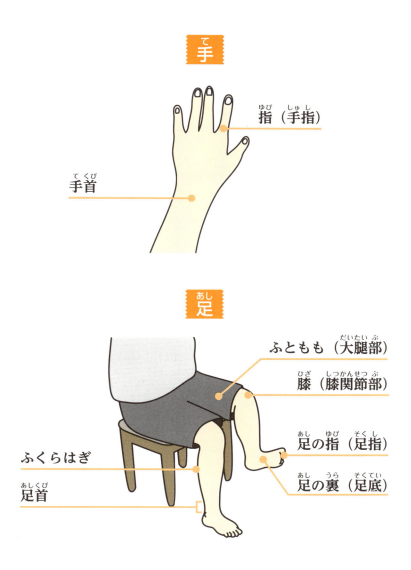

言葉の意味

【範囲】……どこからどこまでと、決められた広さ

バイタルサイン

- 体温、血圧、脈拍、呼吸、意識など、人間が生きていることがわかるサインを、バイタルサインと言います。
- バイタルサインで利用者の体調を確認します。
- バイタルサインの測定値は、利用者の年齢や状態によって違います。

体温

体温計

血圧

血圧計

脈拍

呼吸

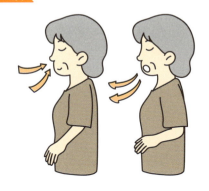

意識

- 目が覚めている状態
- 自分の今の状態や、周りの状況が正しくわかっている状態

言葉の意味

【測定値】……測ってわかる量や大きさ
【状況】……時間といっしょに、変わる様子

2 老化（体の変化）

- 年をとると、体のいろいろなところに変化が起きます。
- 体の変化は、人によって違います。

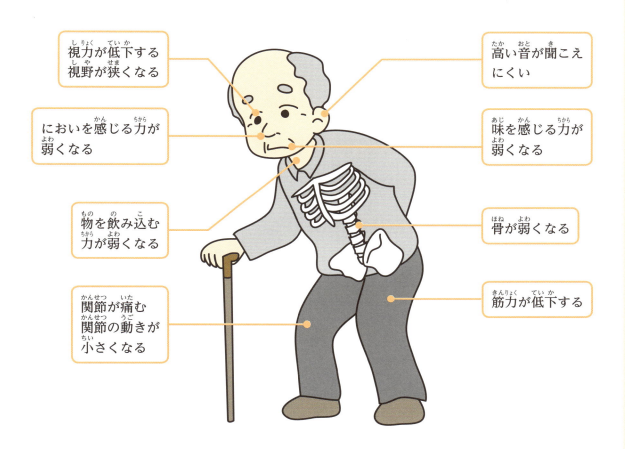

- 視力が低下する 視野が狭くなる
- においを感じる力が弱くなる
- 物を飲み込む力が弱くなる
- 関節が痛む 関節の動きが小さくなる
- 高い音が聞こえにくい
- 味を感じる力が弱くなる
- 骨が弱くなる
- 筋力が低下する

言葉の意味

【変化】……変わること
【視力】……物を見る目の力
【視野】……見える範囲
【低下】……弱くなること

Part 1　Chapter 3　介護の基本Ⅱ（利用者の理解）　13

3 老化（病気と症状）

●年をとると、病気になることが多くなります。介護職は、病気と症状の特徴を理解します。

高齢者の病気と症状の特徴

- ●病気の症状が人によって違います。
- ●病気になったことがわかりにくいです。
- ●病気が慢性化することが多いです。

高齢者に多い病気

脳血管疾患

脳の血管の病気。脳梗塞、脳出血、くも膜下出血など

> 脳の病気になると、片麻痺になることがあります。

心疾患

心臓の病気。狭心症、心筋梗塞など

肺炎

病原体が肺の中に入って起こる病気

言葉の意味

【特徴】……他と比べて、よくわかること
【慢性化】……あまりひどくはないが、治りにくく、長く続くこと

高齢者に多い症状

便秘
便の出る回数や量が減って、腸に便がたまること

頻尿
尿の出る回数が増えること

脱水症状
体の中の水分が足りない状態

貧血症状
血液状態が悪くなるため、疲れたり、めまいがしたりする状態

言葉の意味
【量】……どのくらい
【減る】……少なくなること

4 障害

- 介護職は、利用者の気持ちを理解して、利用者が自立して生活ができるように支援します。
- 介護職は、障害の特徴に合わせて介護します。

障害の種類の例

視覚障害
目が見えない（見えにくい）

肢体不自由
病気・けがで、手や足などに障害がある

聴覚・言語障害
聞く、話す、読む、書くなどで困ることが多い

内部障害
体の中の臓器に障害がある

知的障害
知能の発達に遅れがあり、生活をするのに不自由がある

精神障害
気持ちが暗くなって、何もできなくなる。
自分の考えや気持ちをじょうずに表せない
など

5 認知症

- 認知症は、脳の機能が障害され、認知機能が低下する病気です。
- 認知機能は、記憶する、考える、判断するなどの脳のはたらきのことです。
- 認知症の症状には、中核症状と周辺症状があります。

脳の障害で起こる症状（中核症状）の例

聞いたことをすぐ忘れてしまう

時間がわからない

場所がわからない

人がわからない

言葉の意味

【認知】……わかること
【機能】……できること
【記憶する】……覚えること
【判断する】……よいかどうか決めること

環境などで起こる症状（周辺症状）の例

- （自分がいる場所がわからなくて）歩き回る
- いない人が見える
- 気持ちが暗くなって、何もできなくなる
- 食べ物ではないものを食べる

かかわるときに注意すること

- 介護職は、利用者の表情や行動を見て、言葉を聞いて、利用者の気持ちを考えます。
- 利用者ができないときや、失敗したときに怒ると、認知症の症状はもっと悪くなります。

Chapter 4 コミュニケーション技術

1 コミュニケーションの基本

- 利用者のことを知るために、コミュニケーションは大切です。
- 介護職はコミュニケーションで、利用者の希望やできることを理解します。
- 介護職は、利用者の話をよく聞いて、受け止めます。

コミュニケーションで気をつけること

- 利用者の名前を呼びます。

田中さん、トイレに行きませんか？

そうだな……

●利用者の正面から話します。

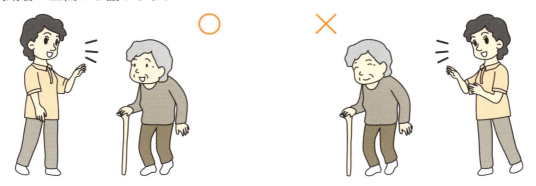

●介護職の目と利用者の目を、同じ高さにして話します。

確認するときに気をつけること

●介護の現場では「確認する」をよく使います。
●介護の現場で使う「確認する」にはいろいろな意味があります。

確認の意味

- 確かめる
- 利用者の同意をもらう
- 消灯時間やお風呂の温度など、決められていることを調べる
- 介護を行う前に、利用者の状態を見たり、聞いたり、触ったりして調べる

●確認することは、利用者の安全のために大切なことです。
●確認する内容がわからないときは、職員に聞きましょう。

2 利用者とのコミュニケーション

● 介護をする前に、これからどんな介護をするか利用者に説明して、介護を始めることに同意してもらいます。

● 介護職から声をかけて、利用者の状態を確認します。

言葉の意味

【同意】……相手の考えに同じ意見だと言うこと

●介護職は、利用者の状態に合ったコミュニケーションをします。

視覚障害のある利用者

右側に壁が あります

言葉で説明したり、さわってもらったりして、コミュニケーションをする

聴覚障害のある利用者

手話、筆談、ジェスチャーなどでコミュニケーションをする

言葉の意味

【手話】……手を使ってする会話
【筆談】……字を書いてする会話

3 職員とのコミュニケーション

報告
- 報告は、自分がした仕事を、指示した人に伝えることです。
- 事故が起きたときや、事故を見つけたときは、職員にすぐ報告します。

指示された仕事が終わったとき

鈴木さんの着替えの介護が終わりました。今日は寒いので、セーターを着ていただきました

事故が起きたとき

報告の内容
- いつ
- どこで
- だれが
- 何をした
- なぜ
- どのように

言葉の意味

【指示する】……「〜しなさい」と命令すること

連絡
●連絡は、必要な人に、必要な情報を知らせることです。

情報を知らせる

相談
●わからないことや困ったことがあるときは、一人で悩まないで職員に相談します。

自分から相談する

Part 2

介護の仕事に必要な
知識と技術

Chapter 1 移動の介護

移動の意義

　食事、入浴、掃除、洗濯などの日常生活、仕事をする、友達と会うなど、私たちは自分の体を移動させて、生活しています。社会生活に、移動は必要です。

　人は動かないでいると、筋力が弱くなって、立つことが難しくなります。ベッドで寝ている生活が続くときにも、姿勢を変えて体を移動させると、体力の低下を防ぐことができます。

言葉の意味

【意義】……言葉が表す意味、価値
【価値】……どのくらい大切か、どのくらい役に立つか
【筋力】……筋肉の力
【姿勢】……体の形
【低下】……弱くなること
【防ぐ】……ならないようにすること

1 移動の介護で必要な知識

移動をする環境

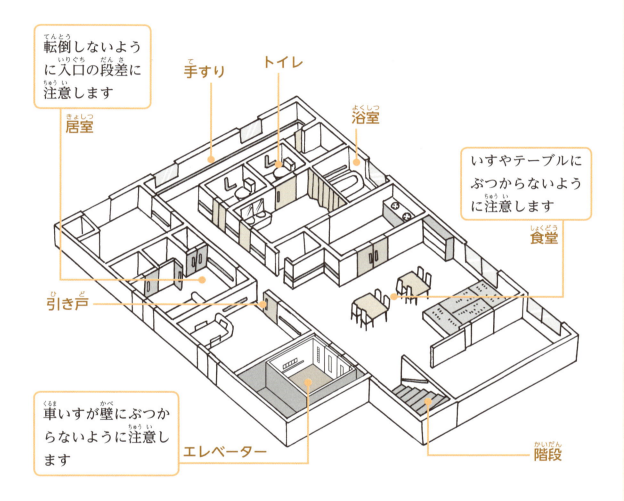

- 転倒しないように入口の段差に注意します
- 手すり
- トイレ
- 浴室
- いすやテーブルにぶつからないように注意します
- 食堂
- 居室
- 引き戸
- 車いすが壁にぶつからないように注意します
- エレベーター
- 階段

言葉の意味

【転倒】……転んで、体の一部が床につくこと

移動で使う道具

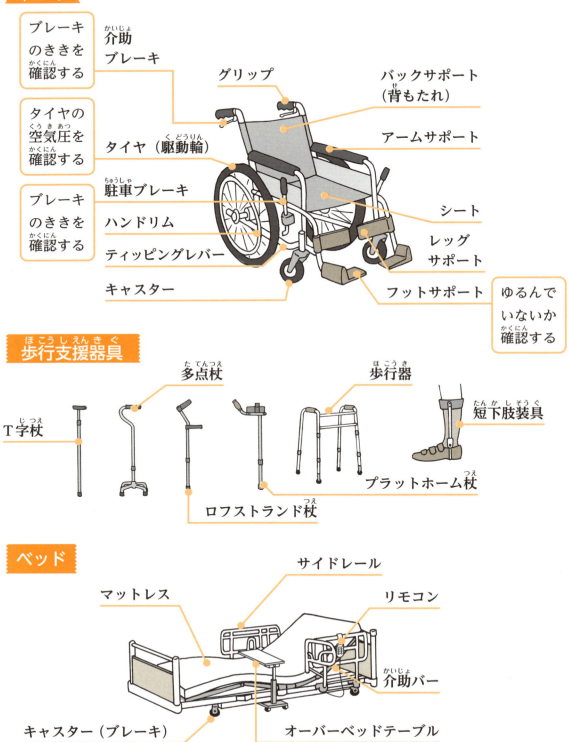

車いす

- 介助ブレーキ — ブレーキのききを確認する
- グリップ
- バックサポート（背もたれ）
- アームサポート
- タイヤ（駆動輪） — タイヤの空気圧を確認する
- 駐車ブレーキ — ブレーキのききを確認する
- ハンドリム
- ティッピングレバー
- キャスター
- シート
- レッグサポート
- フットサポート — ゆるんでいないか確認する

歩行支援器具

- T字杖
- 多点杖
- ロフストランド杖
- 歩行器
- プラットホーム杖
- 短下肢装具

ベッド

- マットレス
- サイドレール
- リモコン
- 介助バー
- キャスター（ブレーキ）
- オーバーベッドテーブル

2 移動の介護の流れ

仰臥位からの立ち上がり

仰臥位

ベッドに寝て、あおむけの姿勢

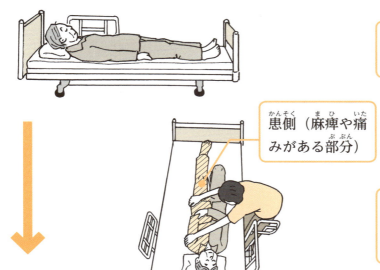

患側（麻痺や痛みがある部分）

仰臥位→側臥位
・利用者の肩と腰を支え、体の向きを変えます。

側臥位

体が安定する形

ベッドに寝て、横を向いた姿勢

クッションやタオルを使用すると、側臥位が安定します。

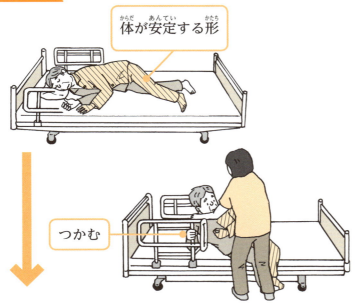

つかむ

側臥位→端座位
・利用者にサイドレールをつかんでもらいます。
・利用者を支え、起き上がりを介護します。

端座位

ベッドの端に座る姿勢
↓
足の裏を床につけます。

サイドレールやベッドに手を置いてもらうと端座位が安定します。

立ち上がり

端座位→立ち上がり
利用者に介助バーをつかんでもらいます。

自分で歩くとき

立位

立位は不安定なので、利用者の姿勢を安定させます。

手すりを使った歩行

杖歩行

転倒しないように患側から利用者を見守ります。

言葉の意味

【見守る】……危なくないように気をつけること

車いすを使うとき

車いすへの移乗

- 利用者の足をフットサポートの上に乗せます。
- 利用者の手をアームサポートの上に乗せます。

車いすの走行

- 壁にぶつからないように移動します。
- 止まっているときは、車いすのブレーキをかけます。

安静が必要なとき

半座位

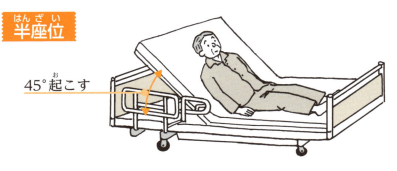

45°起こす

上半身を45°起こして座る姿勢

言葉の意味

【流れ】……順序のこと
【整える】……きちんとすること

Chapter 2 食事の介護

食事の意義

食事は栄養のあるものを食べて、健康を保つことが目的です。

食事を「楽しむ」ことで、生活も楽しくなります。食事は他の人といっしょに「楽しむ」ことができて、大切なコミュニケーションの場所にもなります。

決まった時間に食事をすることで、一日の生活時間を整えることもできます。

1 食事の介護で必要な知識

食事に関係する体

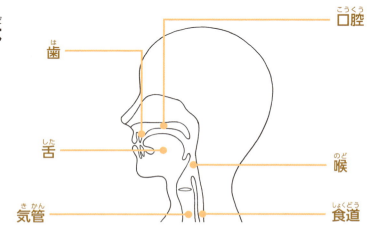

口腔／歯／舌／喉／気管／食道

言葉の意味

【保つ】……同じ状態にしておくこと

食事の種類

ご飯が中心の食事

パンが中心の食事

麺が中心の食事

刻み食

大きい食べ物を小さく刻む。

ミキサー食

食べ物をミキサーでやわらかくする。

とろみ食

食べ物にとろみをつける。

ソフト食

やわらかく、色や形のある食べ物。

食事で使う道具

にぎりやすくした
スプーン・フォーク

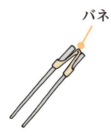

バネ

バネ付き固定箸

にぎりやすい食器

曲がりスプーン・フォーク

カフベルト

カフベルト付き
スプーンホルダー

ホルダー

ホルダー付きコップ

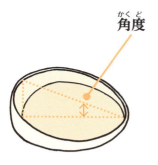

角度

角度をつけて食べやすくしたお皿

すべり止めマット

2 食事の介護の流れ

食事の準備から利用者が食べ終わるまで

食事を準備する

誤嚥しないように、食べやすい食事をつくります。

利用者が嫌いなもの、食べてはいけないものがないかを確認します。

いすに座った姿勢を確認する

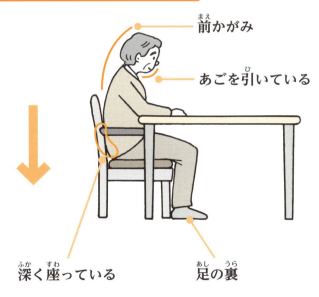

- 前かがみ
- あごを引いている
- 深く座っている
- 足の裏

食事の前に、トイレに行って、手洗いを済ませます。

いすに深く座り、足の裏が床につくようにします。

言葉の意味

【誤嚥】……飲み込むとき、食べ物や飲み物が気管に入ること。このとき、むせが起きる。
【むせ】……気管に食べ物などが入って苦しむこと
【済む】……し終わること

食事の介護を始める

利用者が食べたい順番を確認します。

利用者がおいしく食べられるように声をかけます。

利用者が食べやすい姿勢になっているかを確認します。

誤嚥しないように、飲みこんだことを確認します。

口の中に食べ物があるときに、声をかけないようにします。

食事の介護を終える

口の中に、食べ残しがないかを確認します。

口腔ケア

歯磨き

食事をした後に、口の中を清潔にする介護をします。

歯と歯の間は汚れやすいので注意します。

入れ歯（義歯）の手入れ

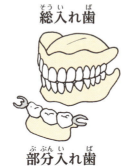

総入れ歯

部分入れ歯

食事をした後に、入れ歯を洗い、容器に保管します。

言葉の意味

【容器】……入れ物
【保管】……しまっておくこと

Chapter 3 排泄の介護

排泄の意義

　排泄は、生きるために必要な水や食べ物を体の中に入れたあと、不要なものを体の外に出すことです。排泄物には、便、尿、汗などがあります。
　排泄がうまくできないと、生きることが難しくなります。失禁など排泄が自立できなくなると、自信を失くしてしまいます。うまく排泄ができるためには、生活のリズム、習慣に合った排泄のやり方が必要です。

言葉の意味

【不要】……必要ではないこと

1 排泄の介護で必要な知識

排泄をする環境

トイレ

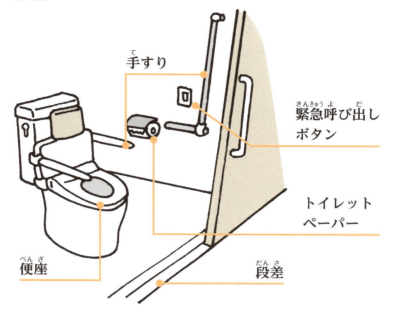

- 手すり
- 緊急呼び出しボタン
- トイレットペーパー
- 便座
- 段差

ポータブルトイレ

- ポータブルトイレ
- すべり止めマット

排泄で使う道具

ポータブルトイレ

便座に座ることができる人が使います。

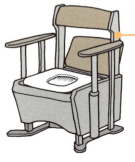
木製のいす型

プラスチック製

尿器・便器

座位が安定しない人がベッドの上で使います。

女性用尿器

男性用尿器

差し込み便器

おむつ

自分で排泄の調節ができない人が使います。

紙おむつ

テープ型おむつ

女性用パッド

男性用パッド

言葉の意味

【安定】……変化がなくて安心できること

2 排泄の介護の流れ
ポータブルトイレを使った排泄の介護

介護の準備をする

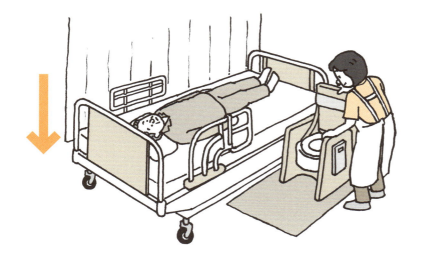

- 使い捨てエプロンをつけます。
- ポータブルトイレを健側の足元に置きます。
- 換気をして、においがないようにします。

ズボンと下着を下げる

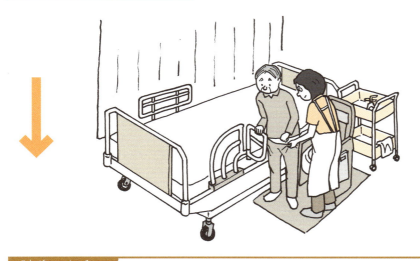

- 利用者が転倒しないように注意して、立ち上がりの介護をします。

言葉の意味

【使い捨て】……一回使ったら捨てること
【換気】……空気を入れかえること

ポータブルトイレに移乗する

> ポータブルトイレの位置を確認し、トイレに座る介護をします。

> バスタオルで肌が見えないようにします。

排泄してもらう

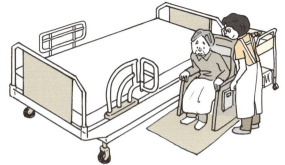

> 力が入りやすいように、前かがみになってもらいます。

> 排泄中はトイレから離れます。排泄が終わったら、利用者に声をかけてもらいます。

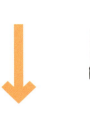

陰部をふく

> きちんと排泄できたかを確認します。

> 陰部をふいてもらいます。手袋をつけて、利用者ができない部分を介護します。

ズボンと下着を上げる

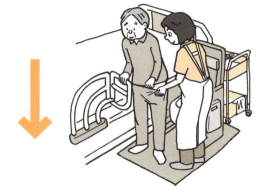

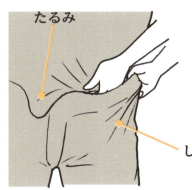

たるみ

しわ

> 下着や服の、しわ、たるみを整えます。

手をふいてもらう

おしぼりなどで手を清潔にしてもらいます。

利用者の体調を確認します。

排泄物を観察する
排泄物を捨てる

排泄物の色、形、量などを確認します。

ベッドで行う排泄の介護

尿器を使って排泄する

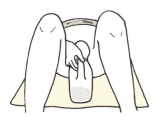

女性の場合

男性の場合

差し込み便器を使って排泄する

おむつを使って排泄する

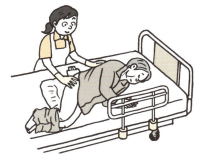

Chapter 4 衣服の着脱（身じたく）の介護

身じたくの意義

　朝起きて顔を洗い、歯を磨き、女性ならお化粧をし、男性ならひげをそり、目的に合わせて服を着替えます。身じたくは、日常生活や社会生活のいろいろな活動をするための準備と考えてもよいでしょう。
　汚れた髪や服は他の人を嫌な気持ちにします。きちんと身じたくすることで、自信をもって、社会に参加することができるようになります。

1 身じたくの介護で必要な知識

身じたくの介護の種類

衣服の着脱

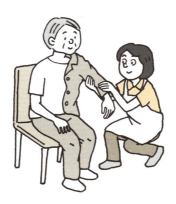

朝起きたときや夜寝るときに、衣服を選ぶ、着る、脱ぐ介護をします。

整容

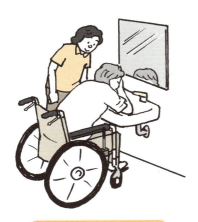

洗面
朝起きたときに顔を洗う介護をします。

整髪
朝起きたときや入浴した後に、髪の毛を整える介護をします。

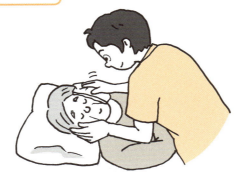

顔の清拭
顔をホットタオルでふく介護をします。

Part 2　Chapter 4　衣服の着脱（身じたく）の介護　47

爪切り

手の指と足の指の爪が伸びたときは、爪切りをします。

ひげの手入れ

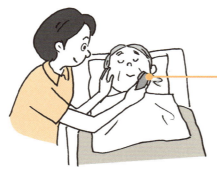

シェーバー

男性には、朝起きたときにひげの手入れをします。

化粧

化粧をする習慣のある女性には、できるだけ化粧をしてもらいます。

衣服の着脱

着替えのタイミング

パジャマや下着を着替えます。

朝起きるとき →
← 夜寝るとき

シャツ、ズボンなどを着替え、くつ下をはきます。

外へ出かけるとき →

上着を着替え、靴をはきます。

日本の季節に合わせた衣服

春

夏

秋

冬

夏は暑く、汗をかきやすい季節です。

冬は寒く、乾燥する季節です。

言葉の意味

【乾燥】……水分がなくて、乾いている状態

2 衣服の着脱の流れ

右片麻痺のある利用者の介護

衣服を選ぶ

今日はどの服にしますか？

シャツにしようかな

患側（麻痺や痛みがある方）

> 利用者の好みに合わせて、衣服を選んでもらいます。

> 利用者が衣服を選べないときは、季節や部屋の温度に合わせましょう。

いすに座る

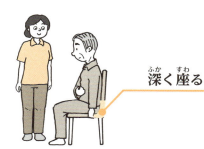

深く座る

> 転倒しないように、いすやベッドに深く座ってもらいます。

> 足の裏が床についているか確認します。

上着の着脱の介護

患側から着る

健側（麻痺や痛みがない方）から脱ぐ

> 他の人からできるだけ肌が見えないようにします。

> 衣服は患側から着て、健側から脱いでもらいます。できるところは見守り、できないところは介護します。

ズボンの着脱の介護

患側からはく

健側から脱ぐ

- 他の人からできるだけ肌が見えないようにします。
- 衣服は患側から着て、健側から脱いでもらいます。できるところは見守り、できないところは介護します。
- 最後に、衣服のしわを整えます。

利用者が立ち上がったり、座ったりできないとき

ベッド上での着脱

横になる

- 健側を下にして横になってもらいます。
- 他の人からできるだけ肌が見えないようにします。

Part 2　Chapter 4　衣服の着脱（身じたく）の介護

Chapter 5 入浴・身体の清潔の介護

入浴の意義

　入浴や清拭は、体を清潔な状態にします。
　体が清潔だと気分もよくなります。体が清潔で身だしなみが整っていると、安心して他の人といっしょに活動することができます。また、感染症の予防、血行をよくする、安眠などにも効果があります。

言葉の意味

【整っている】……きちんとしている様子
【予防】……ならないようにすること
【血行】……血液の流れ
【安眠】……よく眠ること
【効果がある】……やくに立つ

1 入浴の介護で知っておく知識

入浴の環境

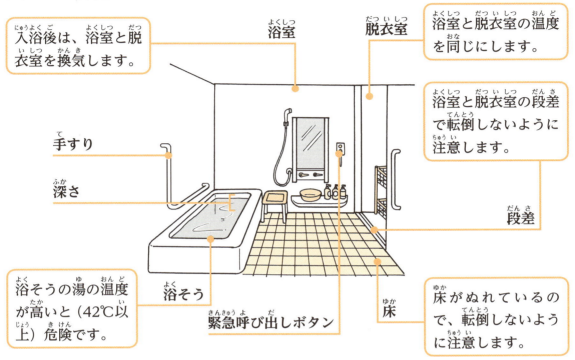

入浴の介護で使う道具

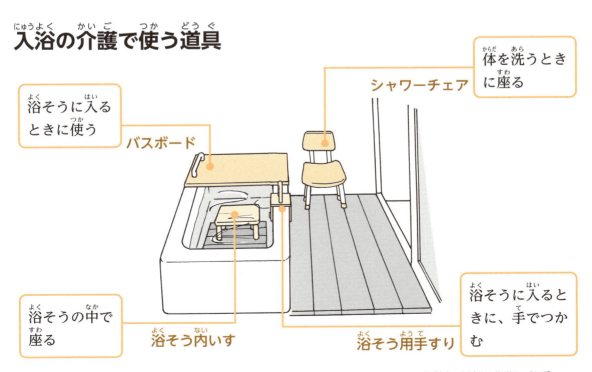

入浴に関係する体

汚れやすい体の部分

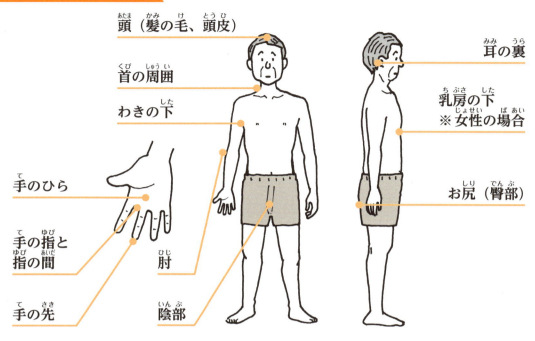

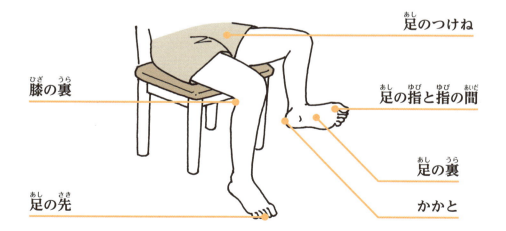

2 入浴の介護の流れ

脱衣室で行う介護

衣服の着脱（入浴前・入浴後）

- 衣服は、健側（麻痺や痛みがない方）から脱いでもらいます。
- 衣服は、患側（麻痺や痛みがある方）から着てもらいます。
- 肌の露出に注意して、プライバシーを守ります。

浴室で行う介護

体にシャワーをかける

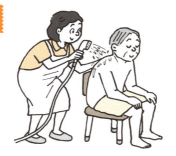

- はじめに、介護職が湯の温度を確認します。
- 利用者の手の先で、湯の温度を確認し、足の先から湯をかけます。

体を洗う

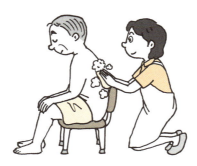

- 自分で洗えないところは、介護職が洗います。
- 汚れやすい部分は残さず洗います。

言葉の意味

【露出】……隠れないで、はっきり見えること

頭皮（髪の毛）を洗う

指の腹で洗います。

浴そうで行う介護

浴そうに入る、浴そうから出る

健側の足から浴そうに入ってもらいます。

患側の足から浴そうを出てもらいます。

入浴した後に行う介護

ドライヤーで髪の毛を乾かす

ドライヤーの風が熱くないかを確認します。

水などを飲んでもらう

水やお茶などを飲んでもらい、脱水を予防します。

浴そうに入ることができない利用者の介護

座った姿勢で入浴する

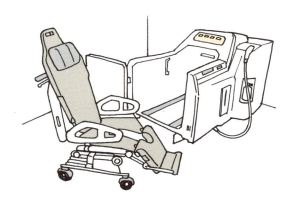

リフトを使って入浴する

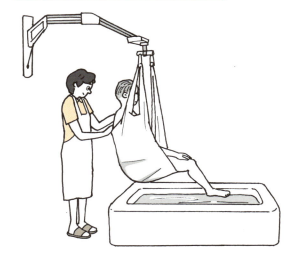

寝た姿勢で入浴する

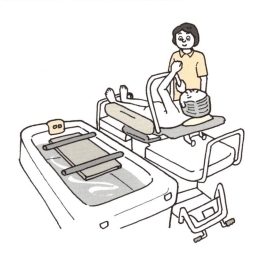

3 入浴以外の体を清潔にする方法

● 病気やけがなどで、入浴ができないとき、入浴以外の方法で利用者の体をきれいにし、気持ちがよくなるようにします。

手浴

湯で手を洗います。

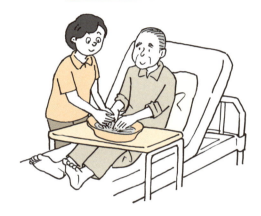

足浴

湯で足を洗います。

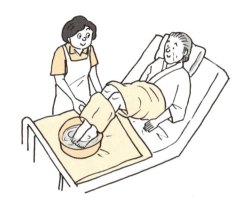

清拭

タオルで体をふきます。

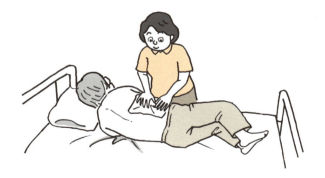

ドライシャンプー

湯を使わないで汚れをとります。

言葉の意味

【以外】……他

4 褥瘡の予防

- 褥瘡は、寝たきりなどで、体に力がかかり、血液の流れが悪くなることで皮膚が赤くなったり、傷ができることです。
- 褥瘡は、「床ずれ」とも言います。
- 褥瘡は、できると治りにくいので、つくらないようにします。

病気や障害などで、自分で体位が変えられないと、同じところに力がかかります。

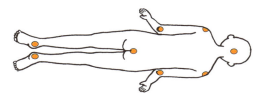

力がかかりやすい場所
＝
褥瘡ができやすい場所

長い時間、外から体に力がかかり、血液の流れが悪くなると、褥瘡ができます。

褥瘡をつくらないために

入浴や清拭をして、皮膚をきれいにします。

いろいろな栄養がとれる食事をして、体の調子をよくします。

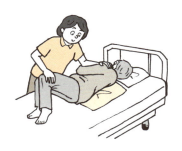

体の同じ場所に、長い時間、力がかからないように、体位を変える介護をします。

Part 3

用語リスト

(英語、インドネシア語、ベトナム語、中国語、クメール語、タイ語、モンゴル語、ミャンマー語)

		英語	インドネシア語	ベトナム語
あ				
あおむけ（仰臥位）	31	dorsal position (lying on the back)	telentang (posisi supinasi)	nằm ngửa (tư thế ngửa)
足	11	foot, leg	kaki	cái chân, cẳng chân
汗	40、49	sweat	keringat	mồ hôi
安定	42	stable	stabil	sự ổn định
安眠	52	sound sleep	tidur nyenyak	giấc ngủ ngon
以外	58	excluding	selain	ngoài ra, ngoại trừ
活かす	2	to utilize, to make the most of	memanfaatkan, menggunakan	phát huy
意義	28、34、40、46、52	significance	makna, arti, signifikansi	ý nghĩa
医師	5	doctor	dokter	bác sỹ
意識	12	consciousness	kesadaran	ý thức
移乗	33	transfer	berpindah	di chuyển trong tư thế nằm / ngồi trên một phương tiện nào đó
移動	28	movement	berpindah, bergerak	sự di chuyển
衣服	47	clothes	pakaian	quần áo
医療	5	medical care	medis, perawatan kesehatan	y tế
入れ歯（義歯）	39	false teeth (dentures)	gigi palsu (gigi buatan)	răng giả
うがい	7	gargle, mouthwash	kumur	việc súc miệng
栄養	34、59	nutrition	gizi	dinh dưỡng
おう吐	7	vomiting	muntah	nôn mửa
押しつける	3	to force upon	menekan	ép buộc
おむつ	42	diapers	popok	bỉm, tã giấy
温度	50、55	temperature	suhu	nhiệt độ

中国語	クメール語	タイ語	モンゴル語	ミャンマー語
仰臥	គេងផ្ងារ（គេងបែរមុខទៅលើ）	นอนหงาย	Дээшээ харж хэвтэх	ပက်လက်အနေအထား
脚、腿	ប្រអប់ជើង ជើង	ขา, เท้า	хөл	ခြေထောက်
汗	ញើស	เหงื่อ	хөлс	ချွေး
穏定	ភាពមានសំនឹង	คงที่	тогтвортой	တည်ငြိမ်ခြင်း
安眠	ការគេងលក់ស្កប់ស្កល់	หลับสบาย	гүн нойр	အိပ်မောကျခြင်း
以外	ក្រៅពី	ยกเว้น	бусад	မှလွဲ၍
灵活使用	ប្រើប្រាស់ជាប្រយោជន៍	ใช้ให้เป็นประโยชน์	ашиглах, гаргах	အသုံးချသည်။
意义	អត្ថន័យ	มีความหมาย	ач холбогдол	အနက်အဓိပ္ပါယ်
医生	គ្រូពេទ្យ	หมอ	Эмч	ဆရာဝန်
意识	ស្មារតី	สติ	Ухамсар, ухаан	အသိစိတ်
移乗	ការកំរិលឆ្លង	ย้ายที่นั่งหรือนอน	Шилжих, явах	ပြောင်းရွှေ့ခြင်း
移動	ការផ្លាស់ទី	เคลื่อนย้าย	шилжих	ရွှေ့ပြောင်းခြင်း
衣服	សម្លៀកបំពាក់	เสื้อผ้า	хувцас	အဝတ်အထည်
医療	វិស័យសុខាភិបាល វេជ្ជសាស្ត្រ	การแพทย์, การรักษา	эмчилгээ	ဆေးကုသခြင်း
假牙（义齿）	ធ្មេញដាក់（ធ្មេញសិប្បនិម្មិត）	ฟันปลอม	Хиймэл шүд	အံဖုံ（သွားတု）
漱口	ការខ្ពុរមាត់	กลั้วคอ	хоолой зайлах	ပလုပ်ကျင်းခြင်း
営养	ជីវជាតិ អាហារូបត្ថម្ភ	สารอาหาร	шим тэжээл	အာဟာရ
呕吐	ការក្អួត	อาเจียน	Бөөлжих	ပျို့အန်ခြင်း
强加于人	បង្ខំ	ยัดเยียด	дарах, түлхэх	ဖိအားပေးသည်။
尿布	កន្ទប	ผ้าอ้อม	живх	အတွင်းခံဘိုင်ပါ
温度	សីតុណ្ហភាព	อุณหภูมิ	температур	အပူချိန်

	英語	インドネシア語	ベトナム語

か

語	ページ	英語	インドネシア語	ベトナム語
介護支援専門員（ケアマネジャー）	5	long-term care support specialist (care manager)	spesialis dukungan perawatan (care manager)	chuyên viên hỗ trợ điều dưỡng (care manager)
介護事故	6	care accident	kecelakaan perawatan lansia	tai nạn điều dưỡng, sự cố chăm sóc
介護福祉士	5	certified care worker	perawat lansia bersertifikat	chuyên viên điều dưỡng phúc lợi
確認	21	confirming	mengecek	xác nhận
片麻痺（麻痺）	14、31、50	hemiplegia (paralysis)	hemiplegia (lumpuh)	sự tê liệt một bên (sự tê liệt)
価値	28	value	nilai	giá trị
過程	4	process	proses	quá trình
体（身体）	10、13、34、54	body	tubuh	cơ thể
換気	43、53	ventilation	pergantian udara	thoáng khí
環境	29、41、53	environment	lingkungan	môi trường
看護師	5	nurse	perawat	y tá
感染症	7	infectious diseases	infeksi	bệnh truyền nhiễm
感染源	7	source of infection	sumber penularan, sumber infeksi	nguồn lây nhiễm
乾燥	49	dry	kering	khô, hanh khô
患側	31	affected side	sisi sakit	bên bị liệt
管理栄養士	5	managing dietician	ahli gizi tersertifikasi negara	chuyên viên quản lý dinh dưỡng
着替え	46	changing clothes	pergantian pakaian	việc thay (quần áo)
刻み食	35	minced food	makanan cincang	ăn xắt nhỏ
義歯（入れ歯）	39	dentures (false teeth)	gigi buatan (gigi palsu)	răng giả
記憶	18	memory	ingatan, memori	trí nhớ, ký ức
季節	49	season	musim	mùa, thời tiết

中国語	クメール語	タイ語	モンゴル語	ミャンマー語
护理支援专家 （护理负责人）	អ្នកជំនាញផ្នែកសេរាមើលថែទាំ (អ្នកគ្រប់គ្រងផ្នែកសេរាមើលថែទាំ)	ผู้เชี่ยวชาญด้านการสนับสนุนการดูแล (ผู้จัดการการดูแล)	Асаргааны тусламж үйлчилгээний мэргэжилтэн (Асаргааны менежер)	ပြုစုစောင့်ရှောက်မှုဆိုင်ရာ အထောက်အကူပေးရေး ပညာရှင် (Care Manager)
护理事故	ឧបទ្ទវហេតុនៅក្នុងពេលមើលថែទាំ	อุบัติเหตุจากการพยาบาล	асаргааны осол	စောင့်ရှောက်ရေးဂေဟာတွင် ဖြစ်ပွားသော မတော်တဆမှု
护理专员	អ្នកជំនាញមើលថែទាំ	ผู้บริบาล	Асаргааны мэргэжилтэн	ပြုစုစောင့်ရှောက်မှုဆိုင်ရာ လက်မှတ်ရဝန်ထမ်း
确认	ការសូរបញ្ជាក់	ตรวจสอบ	Шалгах	အတည်ပြုခြင်း
单侧麻痹（麻痺）	ការស្ពាប់មួយចំហៀងខ្លួន (ស្ត៊ូក)	อัมพาตครึ่งซีก (อัมพาต)	тал саажилт (саажилт)	ကိုယ်တစ်ခြမ်းသေရောဂါ (အကြောသေခြင်း)
价值	តម្លៃ	มูลค่า	үнэ цэнэ	တန်ဖိုး
过程	ដំណើរការ	กระบวนการ, ขั้นตอน	үйл явц	လုပ်နှန်းစဉ်
身体	រាងកាយ	ร่างกาย	бие	ခန္ဓာကိုယ်
换气	ការផ្លាស់ប្ដូរខ្យល់អាកាស	ระบายอากาศ	Агааржуулалт	လေဝင်လေထွက်
环境	បរិស្ថាន	สภาพแวดล้อม	орчин	ပတ်ဝန်းကျင်
护士	គិលានុបដ្ឋាយិកា	พยาบาล	Сувилагч	သူနာပြု
传染病	ជំងឺឆ្លង	โรคติดเชื้อ	Халдварт өвчин	ကူးစက်ရောဂါ
感染源	ប្រភពចម្លងមេរោគ	แหล่งแพร่เชื้อ	халдварын голомт	ရောဂါကူးစက်ရာရင်းမြစ်
干燥	ភាពស្ងួត	แห้ง	хуурай	ခြောက်သွေ့ခြင်း
患側	ខាងដែលមានបញ្ហា	ฝั่งไม่ปกติ	Өвчтэй тал	ရောဂါဒဏ်ခံရသည့်အခြမ်း
管理营养师	អ្នកជំនាញផ្នែកគ្រប់គ្រងអាហារូបត្ថម្ភ	นักกำหนดอาหาร	шим тэжээлийн мэргэжилтэн	အာဟာရဗေဒပညာရှင်
换衣服	ការផ្លាស់ប្ដូរសម្លៀកបំពាក់	เปลี่ยนเสื้อผ้า	хувцас солих	အဝတ်လဲခြင်း
切碎饮食	អាហារហាន់ជាតូចៗ	อาหารหั่นเป็นชิ้นเล็ก	Жижиглэж хэрчсэн хоол	စင်းကောလုပ်ထားသောအစာ
义齿（假牙）	ធ្មេញសិប្បនិម្មិត (ធ្មេញដាក់)	ฟันปลอม	Хиймэл шүд	သွားတု (အံပုံ)
记忆	ការចងចាំ	ความจำ	оюун ухаан	မှတ်ဉာဏ်
季节	រដូវ	ฤดูกาล	улирал	ရာသီဥတု

Part 3 用語リスト **65**

		英語	インドネシア語	ベトナム語
か				
機能	18	function	fungsi	chức năng
希望	2	hope, desire	harapan	sự kỳ vọng, niềm mong đợi
休養	9	rest	istirahat	sự nghỉ dưỡng
仰臥位（あおむけ）	31	lying on the back (dorsal position)	posisi supinasi (telentang)	tư thế ngửa (nằm ngửa)
筋力	28	muscular strength	kekuatan otot	sức mạnh cơ bắp
くも膜下出血	14	subarachnoid hemorrhage	pendarahan subarachnoid	xuất huyết dưới màng nhện
車いす	30	wheelchair	kursi roda	xe lăn
ケアマネジャー（介護支援専門員）	5	care manager (long-term care support specialist)	care manager (spesialis dukungan perawatan)	care manager (chuyên viên hỗ trợ điều dưỡng)
けが	16	injury	cedera	vết thương, bị thương
化粧	46、48	make-up	dandanan, riasan	việc trang điểm
血圧	12	blood pressure	tekanan darah	huyết áp
血液	7	blood	darah	máu
血行	52	blood circulation	sirkulasi darah	sự lưu thông máu
下痢	7	diarrhea	diare	tiêu chảy
健康	9、34	health	kesehatan	sức khỏe
健康管理	9	health management	manajemen kesehatan	sự quản lý sức khỏe
言語障害	17	language impairment	afasia, gangguan fungsi bicara	khuyết tật ngôn ngữ
言語聴覚士	5	speech-language-hearing therapist	terapis wicara	chuyên viên trị liệu về nghe nói và ngôn ngữ
健側	50	unaffected side	sisi sehat	bên khỏe mạnh

中国語	クメール語	タイ語	モンゴル語	ミャンマー語
功能	មុខងារ	ฟังก์ชัน	үйлдэл	လုပ်ဆောင်နိုင်စွမ်း
希望	បំណងប្រាថ្នា	ความต้องการ	хүсэл	မျှော်လင့်ချက်
修养	ការសម្រាកថែទាំសុខភាព	การพักผ่อน	биеэ тордох	အနားယူခြင်း
仰卧	គេងបែរមុខទៅលើ（គេងផ្ងារ）	นอนหงาย	Дээшээ харж хэвтэх	ပက်လက်အနေအထား
肌肉力量	កម្លាំងសាច់ដុំ	กล้ามเนื้อ	булчин чадал	ကာယခွန်အား
蛛网膜下出血	ការហូរឈាមក្នុងស្រោមខួរក្បាល	เลือดออกใต้เยื่อหุ้มสมองชั้นกลาง	торлог бүрхүүл доорх цус харвалт	ဦးနှောက်အောက်ဘက်ရှိဦးနှောက်ကိုဖုံးထားသောပင်ကူမြေးသဏ္ဌာန်အပိုင်းသွေးယိုစီးခြင်း
轮椅	កៅអីរុញ	เก้าอี้รถเข็น	Тэргэнцэр	ဘီးတပ်ကုလားထိုင်
护理负责人（护理支援专家）	អ្នកគ្រប់គ្រងផ្នែកសេវាមើលថែទាំ（អ្នកជំនាញផ្នែកសេវាមើលថែទាំ）	ผู้จัดการการดูแล（ผู้เชี่ยวชาญด้านการสนับสนุนการดูแล）	Асаргааны менежер（Асаргааны тусламж үйлчилгээний мэргэжилтэн）	Care Manager（ပြုစုစောင့်ရှောက်မှုဆိုင်ရာအထောက်အကူပေးရေးပညာရှင်）
伤	របួស	การบาดเจ็บ	шарх, гэмтэл	ဒဏ်ရာ
化妆	ការថែរក្សាស្បែកមុខការតុបតែងមុខ	แต่งหน้า	нүүр будалт	မိတ်ကပ်
血压	សម្ពាធឈាម	ความดันโลหิต	Цусны даралт	သွေးဖိအား
血液	ឈាម	เลือด	Цус	သွေး
血液循环	ចរន្តឈាម	การไหลเวียนของเลือด	цусны эргэлт	သွေးလှည့်ပတ်ခြင်း
拉肚子	រាករូស	ท้องเสีย	Гүйлгэх	ဝမ်းလျှောခြင်း
健康	សុខភាព	สุขภาพ, แข็งแรง	эрүүл мэнд	ကျန်းမာရေး
健康管理	ការថែរក្សាសុខភាព	การดูแลสุขภาพ	эрүүл мэндийн хяналт	ကျန်းမာရေးထိန်းသိမ်းမှု
语言障碍	បញ្ហាផ្នែកភាសាពិការភាពផ្នែកភាសា	ความบกพร่องทางภาษา	хэл ярианы бэрхшээл	စကားပြောဆိုမှုခက်ခဲအားနည်းသောရောဂါ
语言听觉治疗师	អ្នកជំនាញព្យាបាលផ្នែកកុមារនិងសោតវិញ្ញាណ	นักแก้ไขการพูดและการได้ยิน	Хэл сонсгол засалч	ဘာသာစကားနားထောင်ပြောဆိုပိုင်းဆိုင်ရာကုထုံးပညာရှင်
健侧	ខាងដែលមិនមានបញ្ហា	ฝั่งปกติ	Эрүүл тал	ရောဂါဒဏ်မခံရသည့်အခြမ်း

Part 3 用語リスト

		英語	インドネシア語	ベトナム語
か				
効果	52	effect	efek	hiệu quả
口腔ケア	39	oral care	perawatan rongga mulut	việc chăm sóc khoang miệng
行動	3	behavior	tindakan, perilaku	hành động
高齢者	14、15	elderly person	lansia, manula, orang tua	người cao tuổi
誤嚥	6、37	accidental swallowing	aspirasi	rối loạn nuốt
呼吸	12	breath	pernapasan	hô hấp
コミュニケーション	20	communication	komunikasi	sự giao tiếp
さ				
座位	42	sitting position	duduk	tư thế ngồi
作業療法士	5	occupational therapist	terapis kerja	chuyên viên trị liệu cơ năng
ジェスチャー	23	gesture	isyarat	cử chỉ, điệu bộ
支援	2、5、16	support	dukungan, bantuan	sự hỗ trợ
視覚障害	16、23	visual disorder	gangguan visual	khiếm thị
事故	6、24	accident	kecelakaan	tai nạn, sự cố
仕事	24	work	pekerjaan	công việc
指示	24	instruction	instruksi	chỉ thị, hướng dẫn
姿勢	4、28、31、32、33、37	posture	postur	tư thế
肢体不自由	16	physical disability	cacat fisik	khuyết tật vận động
失禁	40	incontinence	inkontinensia	Sự không kiểm soát (tự chủ) được trong đại tiện, tiểu tiện
習慣	40	custom	kebiasaan	thói quen, tập quán

中国語	クメール語	タイ語	モンゴル語	ミャンマー語
效果	ប្រសិទ្ធិភាព	ผล, ประสิทธิผล	үр нөлөө	အကျိုးရလဒ်
口腔护理	ការថែរក្សាសុខភាពមាត់ធ្មេញ	การดูแลรักษาช่องปาก	амны хөндийн эрүүл ахуй	ခံတွင်းကျန်းမာရေးစောင့်ရှောက်မှု
行动	សកម្មភាព	พฤติกรรม	үйл ажиллагаа	အပြုအမူ
高龄者	មនុស្សវ័យចំណាស់	ผู้สูงอายุ	өндөр настан	သက်ကြီးရွယ်အို
误吞	ការលេបចូលខុសបំពង់អាហារ	ติดคอ	Буруу хоолойгоор орох	သီးခြင်း
呼吸	ដង្ហើម	การหายใจ	Амьсгал	အသက်ရှုခြင်း
沟通	ការប្រាស្រ័យទាក់ទងគ្នា	การสื่อสาร	харилцаа	ပြောဆိုဆက်ဆံရေး
坐着	ឥរិយាបថអង្គុយ	ท่านั่ง	Суух байрлал (суудал)	ထိုင်သည့်ကိုယ်အနေအထားခန္ဓာကိုယ်အနေအထား
职能治疗师	អ្នកជំនាញផ្នែកព្យាបាលមុខងាររាងកាយនិងស្មារតី	นักกิจกรรมบำบัด	Хөдөлгөөн засалч	အလုပ်ပေးကုထုံးပညာရှင်
姿势	កាយវិការ	กิริยาท่าทาง	дохио	ဟန်အမူအရာ
支援	ការជួយគាំទ្រ	ช่วยเหลือ, สนับสนุน	дэмжлэг	ကူညီထောက်ပံ့မှု
视觉障碍	ពិការភ្នែក	ความบกพร่องทางการมองเห็น	Харааны бэрхшээл	အမြင်အာရုံချို့ယွင်းမှု
事故	ឧបទ្ទវហេតុ	อุบัติเหตุ	осол	မတော်တဆဖြစ်ပွားမှု
工作	ការងារ	งาน	ажил	အလုပ်
指示	ការណែនាំ ការចង្អុលបង្ហាញ	คำสั่ง	заавар	ညွှန်ကြားခြင်း
姿势	ឥរិយាបថ	ท่า	Төрх байдал	ကိုယ်နေဟန်ထား
四肢不便	ពិការអវយវៈ	ความบกพร่องทางร่างกาย	Тулгуур эрхтэний бэрхшээл	မသန်စွမ်းခြင်း
失禁	ការបន្ទោរបង់ដោយមិនអាចបញ្ចាបាន	การควบคุมการขับถ่ายไม่ได้	Шээс задгайрах	ဆီးဝမ်းမထိန်းနိုင်ခြင်း
习惯	ទម្លាប់	ความเคยชิน, กิจวัตร	дадал	့လေ့ထုံးစံ

		英語	インドネシア語	ベトナム語
さ				
周辺症状	19	peripheral symptoms (behavioral and psychological symptoms of dementia)	gejala periferal (gejala perilaku dan psikologis pada demensia/BPSD)	triệu chứng ngoại vi (triệu chứng hành vi và tâm lý của chứng mất trí)
手浴	58	hand bath	membasuh tangan	ngâm tay
手話	23	sign language	bahasa isyarat	ngôn ngữ dấu hiệu, thủ ngữ
準備	46	preparation	persiapan	sự chuẩn bị
障害	16、17、18、23	impairment, disability	gangguan, cacat	khuyết tật
状況	12	situation	situasi, kondisi	tình trạng
症状	14、15、18、19	symptom	gejala	triệu chứng
状態	9、12、15、22、23	state	keadaan	trạng thái
情報	3、25	information	informasi	thông tin
職員	24	staff	staf	nhân viên
食事	4、5、28、34～39	meal	makan	bữa ăn
褥瘡（床ずれ）	59	pressure sores (bedsores)	dekubitus (luka baring)	lở loét vì nằm liệt giường
食堂	4、29	dining room	ruang makan	phòng ăn
自立	2、16、40	independence	mandiri	sự tự lập
自立支援	2	independence support	dukungan mandiri	sự hỗ trợ tự lập
視野	13	perspective	jangkauan pandangan	tầm nhìn
視力	13	vision	penglihatan, ketajaman penglihatan	thị lực
しわ	44、51	wrinkle	keriput	nếp nhăn
心疾患	14	heart diseases	penyakit jantung	bệnh tim

中国語	クメール語	タイ語	モンゴル語	ミャンマー語
周边症状（痴呆症的行为和精神症状）	រោគសញ្ញាជុំវិញ（រោគសញ្ញាផ្នែកអាកប្បកិរិយានិងស្មារតីនៃជំងឺភ្លេចភ្លាំង）	อาการรอบข้าง（ปัญหาพฤติกรรมและอาการทางจิตของผู้ป่วยสมองเสื่อม(BPSD)）	Захын мэдрэлийн эмгэг (Зан төлөвийн болон сэтгэцийн эмгэгийн шинж тэмдэг)	(သတိမေ့ရောဂါ၏အမူအကျင့်များနှင့်စိတ်ပိုင်းဆိုင်ရာလက္ခဏာများ) အရံရောဂါလက္ခဏာများ
手浴	ការលាងដៃ	ล้างมือ (ด้วยน้ำอุ่นเป็นระยะ)	Бүлээн усанд гараа дүрэх	လက်ရေနွေးစိမ်ခြင်း
手语	ភាសាដៃ	ภาษามือ	Дохионы хэл	လက်သင်္ကေတပြဘာသာစကား
准备	ការត្រៀមរៀបចំ	ตระเตรียม	бэлтгэл	ကြိုတင်ပြင်ဆင်ခြင်း
障碍	បញ្ហា ពិការភាព	ความบกพร่อง	хөгжлийн бэрхшээл	မသန်မစွမ်း
状况	ស្ថានការណ៍	สถานการณ์	нөхцөл байдал	အခြေအနေ
症状	រោគសញ្ញា	อาการ	өвчний шинж тэмдэг	ရောဂါလက္ခဏာ
状态	ស្ថានភាព	สภาพ	шинж байдал	အနေအထား
信息	ព័ត៌មាន	ข้อมูล	мэдээлэл	သတင်းအချက်အလက်
职员	បុគ្គលិក	เจ้าหน้าที่	ажилтан	ဝန်ထမ်း
饭	ការបរិភោគអាហារ	อาหาร	хооллолт	အစားအသောက်
褥疮	អាការៈរលាកស្បែកដោយសារគេងយូរ	แผลกดทับ	арьсны үхжил (цоорол)	ဖိမိ၍ပေါက်လာသောအနာစိမ်းများ (အိပ်ရာနာ)
食堂	អាហារដ្ឋាន	โรงอาหาร	хоолны газар	စားသောက်ခန်း
自立	ឯករាជ្យភាព	การพึ่งพาตนเอง	бие даалт	မိမိဘာသာရပ်တည်ရေး
自立支援	ការគាំទ្រឯករាជ្យភាព	การสนับสนุนการพึ่งพาตนเอง	бие даасан дэмжлэг	မိမိဘာသာရပ်တည်ရေးကူညီထောက်ပံ့မှု
视野	ទំហំនៃការមើលឃើញរបស់ភ្នែក	ลานสายตา	харагдац	မြင်ကွင်း
视力	សមត្ថភាពមើលឃើញរបស់ភ្នែក	สายตา	хараа	မြင်နိုင်စွမ်း
皱纹	ស្នាមជ្រួញ	รอยย่น	үрчлээ	ပါးရေအရေတွန့်ခြင်း
心脏疾病	ជំងឺបេះដូង	โรคหัวใจ	Зүрхний өвчин	နှလုံးရောဂါ

		英語	インドネシア語	ベトナム語

さ

語	ページ	英語	インドネシア語	ベトナム語
水分（すいぶん）	15、49	moisture	cairan, kadar air	nước (nói chung)
睡眠（すいみん）	9	sleep	tidur	giấc ngủ, việc ngủ
済む（すむ）	37	to complete	selesai	xong, được hoàn thành
生活（せいかつ）	2、5	life	kehidupan	đời sống, sinh hoạt
生活時間（せいかつじかん）	34	life span	jam kehidupan	thời gian sinh hoạt
清潔（せいけつ）	39、45、52	cleanliness	kebersihan	sự vệ sinh, sạch sẽ
清拭（せいしき）	47、52、58、59	bed bath	mandi seka	lau sạch
精神障害（せいしんしょうがい）	17	mental disability	gangguan jiwa	khuyết tật thần kinh
整髪（せいはつ）	47	hair styling	penataan rambut	sự làm / chỉnh trang đầu tóc
整容（せいよう）	47	grooming & body care	penampilan tertata, penampilan rapi	sự chỉnh trang vẻ bề ngoài
咳（せき）	7	cough	batuk	ho
せっけん	8	soap	sabun	xà bông tắm
説明（せつめい）	22、23	explanation	penjelasan	giải thích
洗濯（せんたく）	28	washing	mencuci pakaian	việc giặt giũ
洗面（せんめん）	47	face washing	mencuci wajah	việc rửa mặt
走行（そうこう）	33	running	berjalan, melaju	chạy
掃除（そうじ）	28	cleaning	membersihkan	việc quét dọn
相談（そうだん）	4、9、25	consulting	berdiskusi	thảo luận
相談員（そうだんいん）	5	life consultant social worker	konselor	nhân viên tư vấn về đời sống
側臥位（横向き）（そくがい よこむき）	31	side-lying (lateral position)	posisi lateral (menyamping)	tư thế nghiêng (nằm nghiêng)
測定値（そくていち）	12	measured value	nilai terukur, hasil pengukuran	con số / giá trị đo lường

中国語	クメール語	タイ語	モンゴル語	ミャンマー語
水分	ជាតិទឹក	ปริมาณน้ำ, ความชื้น	ус шингэн	ရေဓာတ်
睡眠	ដំណេក	การนอนหลับ	нойр	အိပ်စက်ခြင်း
完成	រូចរាល់	ทำเสร็จ	бүрэн дуусгах	ပြီးဆုံးသည်။
生活	ការរស់នៅ	การดำเนินชีวิต	амьдрал	ရှင်သန်နေထိုင်ခြင်း
生活时间	រយៈពេលនៃការរស់នៅ	เวลาในการดำเนินชีวิต	амьдралын хугацаа	ရှင်သန်နေထိုင်မှုအချိန်ကာလများ
清洁	ភាពស្អាតមានអនាម័យ	สะอาด	цэвэр цэмцгэр	သန့်စင်ခြင်း
擦拭	ការជូតខ្លួន	เช็ดตัว	Арчиж цэвэрлэх	ရေစပ်တိုက်ခြင်း
精神障碍	ពិការផ្នែកស្មារតី	ความบกพร่องทางจิต	Сэтгэцийн бэрхшээл	စိတ်ပိုင်းဆိုင်ရာချို့ယွင်းမှု
理发	ការរៀបចំសក់	จัดทรงผม	ус засалт	ဆံပင်အလှပြုပြင်ခြင်း
整容	ការរៀបចំខ្លួនប្រាណ ឲ្យស្អីតបាត	การแต่งเนื้อแต่งตัวและดูแลร่างกายให้เรียบร้อย	гоо сайхан	သန့်ရှင်းသပ်ရပ်ရေးပြုလုပ်ခြင်း
咳嗽	អាការៈក្អក	ไอ	Ханиалга	ချောင်းဆိုးခြင်း
肥皂	សាប៊ូដុំ	สบู่	Саван	ဆပ်ပြာ
说明	ការពន្យល់	คำอธิบาย	Тайлбарлах	ရှင်းလင်းပြောဆိုခြင်း
洗衣服	ការបោកសម្លៀកបំពាក់	ซักผ้า	угаалт	အဝတ်လျှော်ခြင်း
洗脸	ការលុបលាងមុខ	ล้างหน้า	нүүр угаалт	မျက်နှာသစ်ခြင်း
行走、行驶	ការធ្វើចលនាដំណើរការ	วิ่ง	гүйлт, давхилт	ခရီးသွားခြင်း၊ ယာဉ်မောင်းပြေးဆွဲခြင်း
扫除	ការបោសសម្អាត	ทำความสะอาด	цэвэрлэгээ	သန့်ရှင်းရေးလုပ်ခြင်း
商量	ការពិគ្រោះ	ปรึกษา	Зөвлөх	ဆွေးနွေးခြင်း
咨询师	អ្នកជំនាញផ្តល់ការពិគ្រោះអំពីការរស់នៅ	เจ้าหน้าที่ให้คำปรึกษา	Зөвлөгч	လက်ခံဆွေးနွေးပေးသူ
侧卧	គេងបែរមុខទៅចំហៀង (គេងចំហៀង)	นอนตะแคง	Хажуу тийш харж хэвтэх	ဘေးတိုက်အနေအထား
测量值	តួលេខនៃលទ្ធផលវាស់	ค่าที่วัดได้	хэмжилтийн утга	တိုင်းတာမှုရလဒ်တန်ဖိုး

日本語	ページ	英語(えいご)	インドネシア語(ご)	ベトナム語(ご)
さ				
足浴(そくよく)	58	foot bath	membasuh kaki	ngâm chân
ソフト食(しょく)	35	soft mashed food	makanan lunak	ăn mềm
尊厳(そんげん)	2、3	dignity	martabat, kehormatan diri	sự tôn nghiêm
た				
体位(たいい)	59	body position	postur	tư thế cơ thể
体温(たいおん)	12	body temperature	suhu tubuh	nhiệt độ cơ thể
体調(たいちょう)	12、45	physical condition	kondisi tubuh	tình trạng sức khỏe
立ち上がり(たちあがり)	32	standing up	bangkit	sự đứng dậy
脱水(だっすい)	15、46	dehydration	dehidrasi	mất nước
食べ物(たべもの)	4、5、28、34〜39	food	makanan	thức ăn, đồ ăn
保つ(たもつ)	34	to store, to keep	menjaga	duy trì
たるみ	44	slackness	kekenduran	sự lỏng / chùng xuống
段差(だんさ)	29、41、53	difference in level (step)	tingkatan, perbedaan tinggi	bậc thang, bậc tam cấp
端座位(たんざい)	31、32	position in which the person sits on the bed with his/her legs hanging over the side	duduk tegak	tư thế ngồi thả chân xuống
知的障害(ちてきしょうがい)	17	intellectual disability	gangguan intelektual (tunagrahita)	khuyết tật trí tuệ
知能(ちのう)	17	intelligence	intelektualitas, kemampuan otak	trí tuệ
着脱(ちゃくだつ)	47、49〜51	dressing & undressing	memakai dan melepas	việc mặc cởi (quần áo)
中核症状(ちゅうかくしょうじょう)	18	core symptoms (of dementia)	gejala inti (pada demensia)	triệu chứng cốt lõi (của chứng mất trí)
聴覚障害(ちょうかくしょうがい)	17、23	hearing disorder	gangguan pendengaran	khiếm thính

中国語	クメール語	タイ語	モンゴル語	ミャンマー語
足浴	ការលាងជើង	ล้างเท้า (ด้วยน้ำอุ่นเป็นระยะ)	Бүлээн усанд хөлөө дүрэх	ခြေထောက်ရေနွေးစိမ်ခြင်း
软质饮食	អាហារទន់	อาหารอ่อน	Зөөлөн хоол	အစာပျော့
尊严	សេចក្ដីថ្លៃថ្នូរ	เกียรติ	ёсчлон сахих	ဂုဏ်သိက္ခာ
体位	ឥរិយាបថរាងកាយ	ท่า	Биеийн байрлал	ခန္ဓာကိုယ်အနေအထား
体温	កម្ដៅក្នុងខ្លួន	อุณหภูมิร่างกาย	Биеийн халуун	ခန္ဓာကိုယ်အပူချိန်
身体情况	សុខភាពរាងកាយ	สภาพร่างกาย	Биеийн байдал	ခန္ဓာကိုယ်အခြေအနေ
站起来	ការឈរឡើង	ลุกขึ้นยืน	босох	မတ်တပ်ရပ်ခြင်း
脱水	ការខ្សោះជាតិទឹក	ขาดน้ำ	Шингэн алдах	ရေဓာတ်ခမ်းခြင်း
食物	អាហារ	อาหาร	идэх юм	စားစရာ
保持	ថែរក្សា	เก็บรักษา	хадгалах	ထိန်းသိမ်းသည်။
松弛	ការយារធ្លាក់	หย่อนยาน	тайтгарал	လျှော့လျှဲခြင်း
台阶	ថ្នាក់ គន្លាក់	พื้นต่างระดับ	догол	အဆင့်များ
人坐在床或椅子上、脚垂下来的体位	ឥរិយាបថអង្គុយទម្លាក់ជើងទាំងពីរនៅចំបេ៉ងគ្រែ	นั่งหย่อนขา	Орон дээр хөлөө унжуулж суух	ခြေထောက်စုံချထိုင်သည့်ကိုယ်အနေအထား
智力障害	ពិការផ្នែកសតិបញ្ញា	ความบกพร่องทางสติปัญญา	Оюуны бэрхшээл	ဉာဏ်ရည်ချို့ယွင်းမှု
智力	បញ្ញា	สติปัญญา	ухаан санаа	ဉာဏ်ရည်
穿衣服脱衣服	ការស្លៀកពាក់	สวมถอด	зүүх авах	အဝတ်ဝတ်ခြင်းချွတ်ခြင်း
（痴呆症的）核心症状	រោគសញ្ញាស្នូល（នៃជំងឺភ្លេចភ្លាំង）	อาการหลัก（ของโรคสมองเสื่อม）	төв мэдрэлийн системийн эмгэг (оюуны хомсдол)	(သတိမေ့ရောဂါ၏)အဓိကရောဂါလက္ခဏာများ
听觉障害	ពិការត្រចៀក	ความบกพร่องทางการได้ยิน	Сонсголын бэрхшээл	အကြားအာရုံချို့ယွင်းမှု

		英語(えいご)	インドネシア語(ご)	ベトナム語(ご)
た				
調理師(ちょうりし)	5	chef	ahli masak	đầu bếp
杖歩行(つえほこう)	32	walk with cane	berjalan dengan tongkat	sự chống gậy đi bộ
使(つか)い捨(す)て	7、43	disposable	sekali pakai	đồ dùng một lần rồi vứt
爪切(つめき)り	48	nail clipper	gunting kuku	dụng cụ cắt móng tay
手(て)	11	hand	tangan	tay
低下(ていか)	13、18、28	decline	penurunan	sự giảm thấp
手(て)すり	29、32、41、53	handrail	pegangan	tay vịn
手(て)の洗(あら)い方(かた)	8	how to wash hands	cara mencuci tangan	cách rửa tay
手袋(てぶくろ)	7、44	gloves	sarung tangan	bao tay, găng tay
転倒(てんとう)	6、29	falling	jatuh terguling (terjerembap)	té ngã
転落(てんらく)	6	falling	terjatuh	té rớt
トイレ	41	restroom	toilet	nhà vệ sinh
同意(どうい)	22	consent	setuju	đồng ý
道具(どうぐ)	30、36、42、53	tool, implement	alat	dụng cụ
特徴(とくちょう)	14	characteristic	ciri, karakteristik	đặc trưng
床(とこ)ずれ（褥瘡(じょくそう)）	59	bedsores (pressure sores)	luka baring (dekubitus)	lở loét vì nằm liệt giường
整(ととの)える	33、34	to prepare, to organize	menata, menyiapkan	chuẩn bị, sắp đặt
整(ととの)っている	52	organized	tertata, siap	chuẩn bị đầy đủ
とろみ食(しょく)	35	thick food	makanan kental	ăn lỏng
な				
流(なが)れ	31、33、37、43、50、55	process, procedure	aliran, alur	trình tự
入浴(にゅうよく)	28、52〜57	bathing	mandi	việc tắm rửa (trong bồn)

中国語	クメール語	タイ語	モンゴル語	ミャンマー語
厨师	ចុងភៅ	กุ๊ก	Тогооч	စားဖိုမှူး
杵着拐杖步行	ការដើរដោយប្រើឈើច្រត់	เดินด้วยไม้เท้า	Таягтай алхах	တုတ်ကောက်ဖြင့်လျှောက်ခြင်း
用完扔掉	ការប្រើរួចបោះចោល	ใช้แล้วทิ้ง	нэг удаагийн	တစ်ခါသုံး
指甲钳	កន្រ្តៃកាត់ក្រចក	ที่ตัดเล็บ	Хумсны хутга	လက်သည်းညှပ်
手	ប្រអប់ដៃ	มือ	Гар	လက်
降低	ការធ្លាក់ចុះទាប	ลดลง	буурах	လျှော့ချခြင်း
扶手	បង្កាន់ដៃ	ราวจับ	бариул	လက်ရန်း
洗手的方法	របៀបលាងសម្អាតដៃ	วิธีการล้างมือ	гар угаах арга	လက်ဆေးနည်း
手套	ស្រោមដៃ	ถุงมือ	бээлий	လက်အိတ်
摔倒	ការអិលដួល	การล้ม	Будэрч унах	လိမ့်ကျခြင်း
跌落	ការដួលធ្លាក់	ตก	Унах	လိမ့်ကျခြင်း
厕所	បង្គន់	ห้องน้ำ	Ариун цэврийн өрөө	အိမ်သာ
同意	ការយល់ព្រម	ยินยอม	Зөвшөөрөх	သဘောတူခြင်း
工具	ឧបករណ៍	เครื่องมือ	багаж хэрэгсэл	ကိရိယာ
特征	លក្ខណៈពិសេស	คุณสมบัติพิเศษ	онцлог	ထူးခြားချက်
褥疮	អាការរលាកស្បែកដោយសារគេងយូរ	แผลกดทับ	цоорол (арьсны үхжил)	အိပ်ရာနာ (ဖိမိ၍ပေါက်လာသောအနာစိမ်းများ)
整理	រៀបចំ	ตระเตรียม	цэгцлэх	အသင့်ပြင်ဆင်သည်။
整理整齐	រៀបរយ	เตรียมพร้อม	цэгцтэй болгох	အသင့်ပြင်ဆင်လျက်ရှိသော
糊状饮食	អាហារជ្រាយ	อาหารเหลวข้น	Өтгөрүүлсэн хоол	ချေထားသောအစာ
流程	លំដាប់លំដោយ	ขั้นตอน	урсгал	အစီအစဉ်အဆင့်ဆင့်
入浴	ការងូតទឹកក្នុងអាងទឹក	อาบน้ำ	усанд оруулалт	ရေချိုးခြင်း

		英語	インドネシア語	ベトナム語
な				
尿（にょう）	7、15、40	urine	urine	nước tiểu
尿器（にょうき）	42、45	urine bottle	pispot	bô đi tiểu
認知（にんち）	18	cognition	pengenalan, rekognisi	sự nhận biết
認知症（にんちしょう）	18	dementia	demensia	chứng mất trí nhớ
脳（のう）	18	brain	otak	não
脳血管疾患（のうけっかんしっかん）	14	cerebrovascular diseases	penyakit serebrovaskular	bệnh mạch máu não
は				
肺炎（はいえん）	14	pneumonia	pneumonia	bệnh viêm phổi
排泄（はいせつ）	40〜45	excretion	ekskresi	sự bài tiết
バイタルサイン	12	vital signs	tanda vital	dấu hiệu sinh tồn
発熱（はつねつ）	7	onset of fever	demam	sự phát nhiệt, sốt
歯磨き（はみがき）	39	tooth brushing	menggosok gigi	việc đánh răng
範囲（はんい）	11	range, scope	jangkauan, cakupan	phạm vi
判断（はんだん）	18	judgment	penilaian, pertimbangan	sự phán đoán
筆談（ひつだん）	23	written communication	komunikasi tertulis	bút đàm
病気（びょうき）	7、14	disease	penyakit	bệnh
貧血（ひんけつ）	15	anemia	anemia	thiếu máu
頻尿（ひんにょう）	15	frequent urination	sering buang air	đi tiểu lắt nhắt nhiều lần
便（べん）	7、15、40	feces, stool	feses	phân
変化（へんか）	13	change	perubahan	sự thay đổi
便秘（べんぴ）	15、40	constipation	sembelit	táo bón
病原体（びょうげんたい）	7	pathogens	patogen	tác nhân gây bệnh
福祉用具（ふくしようぐ）	9	welfare equipment	alat bantu	dụng cụ / đồ dùng phúc lợi

中国語	クメール語	タイ語	モンゴル語	ミャンマー語
尿	ទឹកនោម	ปัสสาวะ	шээс	ဆီး
尿壶	ដបត្រងទឹកនោម	โถปัสสาวะพกพา	Шээсний сав	ဆီးခွက်
认知	ស្មារតីយល់ដឹង	การรับรู้	мэдрэл	မှတ်ဉာဏ်
痴呆症	ជំងឺភ្លេចភ្លាំង	โรคสมองเสื่อม	Зөнөгрөл	စိတ်ဖောက်ပြန်သည့်ရောဂါ
大脑	ខួរក្បាល	สมอง	Тархи	ဦးနှောက်
脑血管疾病	ជំងឺសរសៃឈាមខួរក្បាល	โรคหลอดเลือดสมอง	Тархины судасны өвчин	ဦးနှောက်သွေးကြောရောဂါ
肺炎	ជំងឺរលាកសួត	โรคปอดบวม	уушигны хавдар	အဆုတ်ရောင်နမ်းနီးယား
排泄	ការបន្ទោរបង់	การขับถ่าย	ялгадас	စွန့်ထုတ်အညစ်အကြေး
生命体征	សញ្ញាជីវិត	สัญญาณชีพ	амин чухал шинж тэмдэг	အရေးကြီးလက္ခဏာများ
发热	អាការៈក្តៅខ្លួន	เป็นไข้	халуурал	ကိုယ်ပူအဖျားတက်ခြင်း
刷牙	ការដុសធ្មេញ	แปรงฟัน	шүдний оо	သွားတိုက်ခြင်း
范围	បរិវេណ	ขอบเขต	цар хүрээ	အပိုင်းအခြား
判断	ការវិនិច្ឆ័យ	ตัดสินใจ	шийдэл	ဆုံးဖြတ်ချက်ချမှတ်ခြင်း
笔谈	ការឆ្លើយឆ្លងតាមរយៈការសរសេរ	สนทนาด้วยการเขียน	яриа бичилт	စာရေးဆက်သွယ်ခြင်း
疾病	ជំងឺ	ไม่สบาย	өвчин	ရောဂါ
贫血	ជំងឺខ្វះឈាម	โลหิตจาง	Цус багадах	သွေးအားနည်းခြင်း
尿频	នោមញឹក	ปัสสาวะบ่อย	Шээс ойртох	မကြာခဏဆီးသွားခြင်း
大小便	លាមក	อุจจาระ	өтгөн	မစင်
变化	ការប្រែប្រួល	ความเปลี่ยนแปลง	өөрчлөлт	ပြောင်းလဲခြင်း
便秘	ការទល់លាមក	ท้องผูก	Өтгөн хатах	ဝမ်းချုပ်ခြင်း
病原体	មេរោគបង្កជំងឺ	เชื้อก่อโรค	Өвчин үүсгэгч	ရောဂါဖြစ်ပွားစေသောအရာ
福利用具	ឧបករណ៍មើលថែទាំ	อุปกรณ์เพื่อสุขภาพสำหรับการดูแลผู้ป่วย	халамжийн тоног	အထောက်အကူပြုကိရိယာ

		英語	インドネシア語	ベトナム語

は

防ぐ	28	to prevent	mencegah	phòng tránh, phòng ngừa
不要	40	unnecessary	tidak perlu	sự không cần thiết
プライバシー	3	privacy	privasi	sự riêng tư
ベッド	30	bed	tempat tidur	giường
減る	15	to reduce, to decrease	berkurang	giảm
便器	42、45	toilet	toilet duduk	bồn cầu
報告	6、24	reporting	melaporkan	báo cáo
保管	39	storage	penyimpanan	sự bảo quản
歩行	32	walking	jalan kaki	việc đi bộ
ポータブルトイレ	41、42	portable toilet	toilet portabel	ghế bô vệ sinh
ボディメカニクス	9	body mechanics	mekanika tubuh	cơ học cơ thể

ま

前かがみ	37、44	slouching, hunching	condong ke depan, membungkuk	tư thế khom người
麻痺（片麻痺）	14、31、50	paralysis (hemiplegia)	lumpuh (hemiplegia)	sự tê liệt (sự tê liệt một bên)
慢性化	14	chronic	menjadi kronis	sự chuyển sang mãn tính
ミキサー食	35	blenderized food	makanan mixer	ăn xay
身じたく	46、47	grooming one's appearance	menyiapkan diri	sự chuẩn bị tư thế
身だしなみ	52	appearance	penampilan	vẻ bề ngoài, sự chỉn chu
見守り	32、50、51	watching over	mengawasi, menjaga	sự theo dõi
脈拍	12	pulse	denyut nadi	mạch đập
むせ	37	choking	tersedak	sự mắc nghẹn

中国語	クメール語	タイ語	モンゴル語	ミャンマー語
防备	ទប់ស្កាត់ បង្ការ	ป้องกัน	сэргийлэх	ကာကွယ်သည်။
不需要	មិនចាំបាច់ មិនត្រូវការ	ไม่จำเป็น	хэрэггүй	မလိုအပ်ခြင်း
隐私	ភាពឯកជន	ความเป็นส่วนตัว	хувийн нууц	ကိုယ်ရေးလွတ်လပ်ခွင့်
床	គ្រែ	เตียง	Ор	ခုတင်
减少	ថយចុះ	ลดลง	багасах	လျော့ကျဆင်းသည်။
马桶	ចានបង្គន់	สุขภัณฑ์	Жорлон	အိမ်သာအိုး
报告	ការរាយការណ៍	รายงาน	Мэдээлэх	သတင်းပို့ခြင်း
保管	ការរក្សាទុក	การจัดเก็บ	хадгалах	သိုလှောင်ခြင်း
步行	ការដើរ	การเดิน	явган явалт	လမ်းလျှောက်ခြင်း
移动马桶	បង្គន់ចល័ត	สุขภัณฑ์เคลื่อนที่	Зөөврийн суултуур	ရွှေ့ပြောင်းလို့ရသည့်အိမ်သာ
人体力学	ការសិក្សាអំពីចលនានៃរាងកាយ	กลไกของร่างกาย	Биеийн механик	ခန္ဓာကိုယ်ယန္တရား
上半身前屈	ពត់ឃ្យាបឋមឆ្ពោះទៅខាងមុខ	โค้งตัวลงไปข้างหน้า	бөхийх	ခါးကိုင်းခြင်း
麻痺（単側麻痺）	ស្ពឹក (ស្ពាប់មួយចំហៀងខ្លួន)	อัมพาต (อัมพาตครึ่งซีก)	саажилт (тал саажилт)	အကြောသေခြင်း (ကိုယ်တစ်ခြမ်းသေရောဂါ)
慢性化	ការប្រែទៅជារ៉ាំរ៉ៃ	เรื้อรัง	архаг	နာတာရှည်
磨碎饮食	អាហារកិនបញ្ចូលគ្នា	อาหารปั่น	Нухсан хоол	ကြိတ်ထားသောအစာ
打扮	ការរៀបចំខ្លួនប្រាណឱ្យស្អាតបាត	แต่งตัว	биеэ тордох	ဝတ်စားဆင်ယင်ခြင်း
仪容	ការរៀបចំរូបរាងកាយ	การแต่งตัว	гадаад төрх	ဝတ်စားဆင်ယင်မှုသသသပ်မဟတ်ကျခြင်း
照看	ការចាំជួយ ការចាំមើលថែទាំ	เฝ้าดูแล	харж хандалт	စောင့်ကြည့်အကဲခတ်ခြင်း
脉搏	ជីពចរ	ชีพจร	Судасны цохилт	သွေးခုန်နှုန်း
噎着	ការឈ្លក់	สำลัก	хахалт	လည်ချောင်းနှင့်ခြင်း

		英語	インドネシア語	ベトナム語

ま

		英語	インドネシア語	ベトナム語
めまい	15	dizzy	pening, pusing	triệu chứng chóng mặt

や

		英語	インドネシア語	ベトナム語
やけど	6	burn	luka bakar	phỏng
容器（ようき）	39	container	wadah	đồ đựng
腰痛（ようつう）	9	lower back pain	nyeri pinggang, lumbago	sự đau lưng
浴室（よくしつ）	29、53、55	bathroom	kamar mandi	phòng tắm
予防（よぼう）	6、7、52、59	prevention	pencegahan	sự dự phòng

ら

		英語	インドネシア語	ベトナム語
理学療法士（りがくりょうほうし）	5	physical therapist	terapis fisik	chuyên viên vật lý trị liệu
立位（りつい）	32	standing position	berdiri	tư thế đứng
リハビリテーション	5	rehabilitation	rehabilitasi	việc phục hồi chức năng
量（りょう）	15	quantity	jumlah, volume	liều lượng
利用者主体（りようしゃしゅたい）	2	user agency (user empowerment)	dengan subjek pengguna, berfokus pada pengguna	(việc) lấy người sử dụng làm chủ thể
連絡（れんらく）	25	contacting	berkomunikasi	liên lạc
老化（ろうか）	13、14	aging	penuaan	sự lão hóa
露出（ろしゅつ）	55	exposure	terlihat, tersingkap	sự hở hang, lộ ra ngoài

中国語	クメール語	タイ語	モンゴル語	ミャンマー語
晕眩	អាការវិលមុខ	วิงเวียน	толгой эргэлт	ခေါင်းမူးခြင်း
烫伤	ការរលាក	แผลไหม้	Түлэгдэх	မီးလောင်ဒဏ်ရာ
容器	ចាន វត្ថុសម្រាប់ផ្ទុកអ៊ីមួយ	ภาชนะ	сав суулга	ထည့်စရာခွက်
腰痛	អាការឈឺចង្កេះ	ปวดหลังปวดเอว	нуруу өвдөлт	ခါးကိုက်ခြင်း
浴室	បន្ទប់ទឹក	ห้องอาบน้ำ	Ванны өрөө	ရေချိုးခန်း
预防	ការបង្ការ	ป้องกัน	урьдчилан сэргийлэлт	ကြိုတင်ကာကွယ်ခြင်း
物理治疗师	អ្នកជំនាញផ្នែកព្យាបាលមុខងាររាងកាយ	นักกายภาพบำบัด	Физик эмчилгээний эмч	ရုပ်ပိုင်းဆိုင်ရာကုထုံးပညာရှင်
站着	ឥរិយាបថឈរ	ท่ายืน	Зогсох байрлал	မတ်တပ်ရပ်သည့်ကိုယ်အနေအထား
康复	ការហាត់ចលនារាងកាយ	การฟื้นฟูสมรรถภาพ	нөхөн сэргээлт	ပြန်လည်ထူထောင်ရေး
量	បរិមាណ	ปริมาณ	хэмжээ	ပမာဏ
以用户为主	ការគិតគូរដល់អ្នកប្រើប្រាស់ជាចម្បង	การดำเนินการตามมุมมองของผู้ใช้บริการ	хэрэглэгч төвтэй	အသုံးပြုသူဗဟိုပြုစနစ်
联系	ការទាក់ទង	ติดต่อ	Холбоо барих	ဆက်သွယ်ခြင်း
老化	ការចាស់ជរា	ชราภาพ	хөгширөлт	အိုမင်းလာခြင်း
露出	ការលេចចេញ ការបង្ហាញចេញ	เปิดให้เห็น	ил задгай хувцаслалт, нүцгэн	အသားပေါ်ခြင်း

外国人技能実習生（介護職種）のための
介護導入講習テキスト

2019年 1 月20日初　　版　　発　行
2024年11月20日初版第 6 刷発行

監　　修……………一般社団法人シルバーサービス振興会
発 行 者……………荘村　明彦
発 行 所……………中央法規出版株式会社
　　　　　　　　　〒110-0016　東京都台東区台東3-29-1　中央法規ビル
　　　　　　　　　TEL 03-6387-3196
　　　　　　　　　https://www.chuohoki.co.jp/
印刷・製本……………株式会社ジャパンマテリアル

定価はカバーに表示してあります。
ISBN978-4-8058-5840-0

本書のコピー、スキャン、デジタル化等の無断複製は、著作権法上での例外を除き禁じられています。また、本書を代行業者等の第三者に依頼してコピー、スキャン、デジタル化することは、たとえ個人や家庭内での利用であっても著作権法違反です。
落丁・乱丁本はお取り替えいたします。
本書の内容に関するご質問については、下記URLから「お問い合わせフォーム」にご入力いただきますようお願いいたします。
https://www.chuohoki.co.jp/contact/